TEORIA DOS JOGOS

A arte do pensamento estratégico

escrito por Jean Blaise Mimbang
traduzido por Alva Silva

50MINUTES.com

TEORIA DOS JOGOS

INFORMAÇÃO CHAVE

- **Nomes:** Teoria dos jogos, teoria do comportamento estratégico, teoria da decisão interativa.

- **Utilizações:** Justificação das leis e normas sociais para manter a cooperação dentro de um grupo; tomada de decisões políticas; compreensão das relações de poder nas negociações; ferramenta de análise de conflitos; ferramenta para gerar confiança dentro de um grupo; aplicações em lógica e teoria de conjuntos; aplicações em economia, biologia, ciência da computação e teoria da evolução.

- **Razões para a sua eficácia:** A teoria dos jogos é um excelente instrumento de negociação, pois encoraja-nos a refletir sobre a complexidade das interações sociais e demonstra-o:

  - indivíduos, empresas e países são mutuamente interdependentes;

  - A interação é benéfica para a resolução de problemas partilhados;

  - a cooperação não é fácil de implementar;

  - em alguns casos, quando cada indivíduo age no seu próprio interesse, o interesse comum pode não ser alcançado;

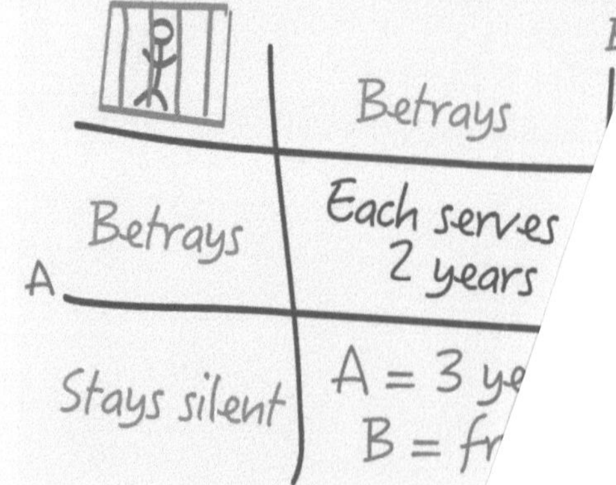

  - há várias formas de fazer escolhas estratégicas numa situação de cooperação.

- **Palavras-chave:**
  - <u>Interação</u>: uma ação coletiva em que um jogador executa uma ação ou toma uma decisão que é influenciada por outro jogador.

  - <u>Estratégia</u>: uma especificação completa do comportamento de um jogador em qualquer situação em que este seja obrigado a jogar.

INTRODUÇÃO

Todos os dias, todos os agentes (animais, pessoas singulares e coletivas ou agentes económicos, incluindo políticos, consumidores, empregadores e fabricantes) e comunidades (equipas desportivas, países, exércitos, etc.) interagem uns com os outros na tomada de decisões. Estas interações podem variar desde a cooperação até ao conflito.

O campo da teoria dos jogos é muito amplo e as suas aplicações podem ser encontradas em áreas tão diversas como relações internacionais, economia, ciência política, filosofia e história, entre outras. Esta teoria desenvolve os instrumentos para analisar comportamentos (económicos, sociais, etc.) sob a forma de jogos de estratégia.

História

As primeiras análises de jogos de estratégia datam do Renascimento. No entanto, só nos séculos XIX e XX é que uma teoria sobre o assunto foi realmente formalizada. Os teóricos dos jogos dessa época incluem em particular os matemáticos e economistas Antoine Augustin Cournot, Émile Borel, John von Neumann, Oskar Morgenstern e John Forbes Nash, cujas respetivas contribuições serão exploradas com mais detalhe na secção seguinte.

 ## É bom saber: O Renascimento

Este foi um movimento europeu que se estendeu desde o final da Idade Média até ao início do período moderno. Caracterizava-se por uma mudança de mentalidade nos domínios literário, artístico e científico e pela circulação do conhecimento entre os estudiosos. O Renascimento começou em Itália e espalhou-se por toda a Europa a partir do século XVI.

Definição do modelo

A teoria dos jogos estuda as consequências da interação estratégica entre agentes racionais (jogadores) que perseguem os seus próprios objetivos únicos, dentro de um quadro claramente definido. Estas interações incluem negociação, competição, assistência mútua, e a prestação de um bem ou serviço, entre outras, que são todas ações possíveis que conduzirão a um resultado. O resultado resulta num pagamento, positivo ou negativo, para cada indivíduo que tenha participado no jogo.

O objetivo desta teoria é mostrar que indivíduos, empresas e mesmo países são mutuamente interdependentes e que é do seu melhor interesse encontrar um equilíbrio a fim de tornar as suas interações benéficas para todos. Esta teoria também nos encoraja a perceber que mesmo que a cooperação não seja fácil, é melhor compreendê-la do que combatê-la.

TEORIA

A TEORIA DOS JOGOS E OS SEUS FILÓSOFOS

Os inícios da teoria do jogo, em sentido estrito, encontram-se nas obras dos matemáticos da primeira metade do século XIX.

Antoine Augustin Cournot

A primeira pessoa a estudar os aspectos estratégicos das interações entre os agentes económicos foi Antoine Augustin Cournot (matemático, filósofo e economista francês, 1801-1877). O seu livro *Researches into the Mathematical Principles of the Theory of Wealth*, de 1838, contém o início da teoria dos jogos, que mais tarde foi desenvolvida na década de 1950. Ele analisa as diferentes formas de concorrência em duopólios (um mercado com dois vendedores concorrentes) e no contexto específico do equilíbrio de Nash (entre fabricantes), para o qual ele dá as primeiras formulações.

É BOM SABER: *PESQUISAS SOBRE OS PRINCÍPIOS MATEMÁTICOS DA TEORIA DA RIQUEZA*, 1838

Embora tenha sido completamente ignorado quando foi publicado pela primeira vez, este livro surgiu da obscuridade através da obra de John Forbes Nash (economista e matemático americano, 1928-2015) sobre a repetida teoria dos jogos em 1950. Hoje, o concurso de Cournot é um modelo baseado na análise da concorrência imperfeita em economia industrial.

Francis Ysidro Edgeworth

Enquanto Cournot analisava as interações estratégicas entre duas empresas produtivas, o economista e advogado anglo-irlandês Francis Ysidro Edgeworth (1845-1926) expandiu este raciocínio e aplicou o modelo a casos de economias sem produção. Em *Física Matemática: Um Ensaio sobre a Aplicação da Matemática às Ciências Morais* (1881), desenvolveu uma ferramenta para representar as interações entre dois agentes económicos não produtivos: a caixa Edgeworth. Este livro marcou a introdução da matemática na economia.

 **É BOM SABER: A CAIXA EDGEWORTH**

Esta caixa permite aos utilizadores analisar as possibilidades de atribuição de recursos entre duas entidades e ver se esta atribuição é ideal de acordo com a otimização de Pareto, ou seja, se é possível melhorar a situação de um agente sem prejudicar a do outro.

Ernst Friedrich Ferdinand Zermelo

A literatura moderna sobre teoria dos jogos reconhece plenamente que o primeiro teorema formal da teoria dos jogos foi produzido por Ernst Friedrich Ferdinand Zermelo (matemático alemão, 1871-1953) em 1913. Este teorema foi retomado por muitos autores e interpretado de várias maneiras diferentes. A versão de Mas Colell *et al.* de 1995 afirma essencialmente que em qualquer informação perfeita (cada jogador conhece todas as estratégias e funções de pagamento de todos os outros jogadores) jogo fixo (onde o número de rondas é conhecido anteci-padamente), existe um equilíbrio que mais tarde se tor-naria conhecido como o equilíbrio de Nash.

O equilíbrio de Nash é constituído por estratégias puras – sequências de ações que se sabe que um jogador escolhe cada vez que é provável que jogue – e é obtido por indução para trás. Isto implica determinar as estra-tégias ótimas dos jogadores na última ronda do jogo. Por outras palavras, raciocinamos, trabalhando desde a última ronda do jogo até à primeira, determinando as melhores estratégias dos jogadores em cada fase do jogo. Este conceito será ilustrado mais tarde.

Émile Borel

Enquanto todas as contribuições anteriores permiti-ram resolver jogos simples (ou seja, aqueles com estra-tégias puras), a contribuição do matemático francês Émile Borel (1871-1956) marca um ponto de viragem para a teoria dos jogos a partir de 1921. No Volume IV do seu livro *Treaty of the Calculation of Probabilities and its Applications* (1924-1934), o autor introduz probabilida-des em jogos de azar e recomenda o teorema do mínimo para jogos de soma zero, em que ganhos para um joga-dor significam perdas para outro. No mesmo livro,

o autor também distingue entre duas categorias diferentes de jogos de azar:

- O primeiro inclui jogos em que a personalidade e o nível
  de habilidade do jogador não desempenham um papel.

- O segundo corresponde a jogos onde tanto a sorte
  como as capacidades do jogador têm uma influência.
  Esta categoria tem semelhanças com os fenómenos
  económicos.

É BOM SABER: O TEOREMA DO MINIMAX, OU TEOREMA FUNDAMENTAL DA TEORIA DOS JOGOS PARA DOIS JOGADORES

Este teorema foi delineado por Émile Borel em 1921,
mas a primeira prova completa só foi produzida
alguns anos mais tarde (1928) pelo matemático americano John von Neumann. Borel declarou que num
jogo não cooperativo (um jogo em que todas as
opções estratégicas disponíveis para os jogadores
são especificadas) entre dois jogadores, com informação perfeita, com um conjunto de estratégias
puras e soma zero (o ganho de uma pessoa é a perda
da outra), existe pelo menos um equilíbrio em que
nenhum dos jogadores tem um incentivo para se des-
viar da sua estratégia mista (distribuição de probabilidade das estratégias puras de um jogador).

Este teorema é muito importante na teoria dos jogos,
pois fornece um método racional para tomar decisões
simultâneas num ambiente competitivo (um jogo de
soma nula).

John von Neumann e Oskar Morgenstern

A teoria dos jogos surgiu realmente como uma disciplina de pleno direito em 1944 sob o impulso do matemático americano John von Neumann (1903-1957) e do economista alemão Oskar Morgenstern (1902-1977). Juntos, escreveram o livro *Theory of Games and Economic Behavior*, que contribuiu para o impressionante desenvolvimento desta disciplina, especialmente no que diz respeito ao comportamento humano. Neste livro, os autores ofereceram uma solução de equilíbrio para o caso particular de um jogo de soma nula. Por exemplo, o xadrez é um jogo que envolve dois jogadores e tem a característica distintiva de que os ganhos para um jogador correspondem a perdas para o outro.

John Forbes Nash e os seus sucessores

O trabalho do economista e matemático americano John Forbes Nash reforçou os fundamentos da teoria dos jogos em 1950. Ele apresentou uma solução de equilíbrio para jogos sem soma nula. Para o conseguir, baseou as suas ideias no trabalho de Cournot de 1838 e desenvolveu uma teoria de equilíbrio não cooperativa para os jogos de soma variável. Esta teoria generalizou a solução apresentada em 1944 por von Neumann e Morgenstern.

Em 1965, o economista alemão Reinhard Selten (1930-2016) deu a sua contribuição para este domínio, introduzindo o conceito de equilíbrio perfeito do subjogo.

Da mesma forma, o economista húngaro americano John Charles Harsanyi (1920-2000) deu uma contribuição significativa para a teoria dos jogos com a sua análise detalhada de jogos de informação incompleta, conhecidos como jogos Bayesianos. Ele também popularizou o conceito muito teórico do equilíbrio de Nash através de um longo artigo publicado em 1967.

Finalmente, o matemático canadiano Donald Bruce Gillies (1928-1975) sistematizou o equilíbrio geral, tomando a Caixa Edgeworth como ponto de partida.

 ## É bom saber: Equilíbrio de Nash

O equilíbrio de Nash é uma situação de equilíbrio em que nenhum jogador tem qualquer interesse em alterar a sua própria estratégia, tendo em conta a estratégia do outro jogador.

Desde os anos 70 e 80, a teoria dos jogos tem experimentado um desenvolvimento significativo no campo da matemática. É agora um ramo tanto da economia como da matemática, embora, como acima mencionado, também possa ser aplicada a uma série de problemas sociais, médicos, políticos e económicos.

Como prova da importância desta disciplina, vários teóricos de jogos foram galardoados com o Prémio Nobel Memorial em Ciências Económicas nos últimos anos:

- John Charles Harsanyi, John Forbes Nash e Reinhard Selten em 1994;

- O economista americano Thomas Schelling (1921-2016) e o economista israelita Robert Aumann (nascido em 1930) em 2005;

- Os economistas americanos Lloyd Shapley (1923-2016) e Alvin E. Roth (nascido em 1951) em 2012.

APRESENTAÇÃO DA TEORIA DOS JOGOS

As hipóteses que suportam a teoria dos jogos são as seguintes:

- a racionalidade dos agentes (jogadores), que os leva a alcançar a melhor solução possível para si próprios, é medida pelo que é conhecido como utilidade;

- cada jogador conhece todas as estratégias e funções de pagamento de todos os outros jogadores (informação completa);

- todos os participantes tomam as melhores decisões por si próprios com o objetivo de maximizar a sua utilidade (no caso de indivíduos) ou o seu lucro (no caso de empresas), sabendo que os outros fazem o mesmo;

- as escolhas feitas no passado são conhecidas de todos os participantes.

Formalidades do jogo

Um jogo de estratégia é caracterizado por um conjunto de regras de jogo que especificam:

- Os jogadores.

- As estratégias (ações ou decisões).

- A sequência de decisões (progresso do jogo).

- Os payoffs ou utilidade dos jogadores (dependendo das suas estratégias). A utilidade não é uma medida de pagamento material, monetária ou outra, mas uma medida subjetiva da satisfação dos jogadores.

- A informação disponível para os jogadores. Esta informação pode ser completa (perfeita) ou incompleta (imperfeita).

Tipos de jogos

Há muitos tipos de jogos:

- jogos de soma zero ou jogos de soma não zero estritamente competitivos;

- jogos com decisões simultâneas ou decisões sequenciais;

- jogos cooperativos ou não cooperativos;

- jogos para dois jogadores ou jogos com mais de dois jogadores;

- jogos de informação perfeita ou jogos de informação imperfeita;

- jogos estáticos (uma ronda), jogos fixos (várias rondas) ou jogos infinitos.

Tipos de estratégia

- <u>Pura estratégia:</u> uma sequência de ações que um jogador é conhecido por escolher cada vez que joga.

- <u>Estratégia mista:</u> distribuição de probabilidade de estratégias puras de um jogador.

- <u>Estratégia fracamente dominante:</u> a estratégia X é fracamente dominante para o jogador Y se houver outra estratégia, X', que ofereça um pagamento mais baixo ou igual para o jogador Y.

- <u>Estratégia fracamente dominada:</u> a estratégia X é fracamente dominada para o jogador Y se houver outra estratégia, X', que ofereça um pagamento mais alto ou igual para o jogador Y.

- <u>Estratégia estritamente dominante:</u> a estratégia X é estritamente dominante para o jogador Y se não houver outra estratégia, X', que ofereça um pagamento estritamente superior para o jogador Y.

- <u>Estratégia rigorosamente dominada:</u> a estratégia X é estritamente dominada para o jogador Y se houver outra estratégia, X', que ofereça um pagamento estritamente superior para o jogador Y.

EXEMPLOS DE JOGOS

Considere o seguinte jogo: dois jogadores (jogador 1 e jogador 2) decidem jogar um contra o outro.

- Estratégias do jogador 1: X e Y.

- Estratégias do jogador 2: U e V.

- Ordem das decisões: jogador 1 e depois jogador 2.

- Pagamento: A matriz de payoffs é mostrada por *a* e *b*, onde *a* representa os payoffs do jogador 1 e *b* representa os payoffs do jogador 2.

  - Se o jogador 1 escolhe X e o jogador 2 escolhe U:

    - Pagamento do jogador 1: 4

    - Pagamento do jogador 2: 2

  - Se o jogador 1 escolhe X e o jogador 2 escolhe V:

    - Pagamento do jogador 1: 3

    - Pagamento do jogador 2: 1

  - Se o jogador 1 escolhe Y e o jogador 2 escolhe U:

    - Pagamento do jogador 1: 2

    - Pagamento do jogador 2: 5

  - Se o jogador 1 escolhe Y e o jogador 2 escolhe V:

    - Pagamento do jogador 1: 9

    - Pagamento do jogador 2: 0

Se aceitarmos a hipótese de ambos os jogadores terem informação completa, há duas formas possíveis de representar este jogo:

- Forma extensiva, mais adequada a jogos de decisão sequenciais

- Forma estratégica, mais adequada a jogos estáticos com decisões simultâneas

Cada forma extensiva corresponde a um jogo de estratégia em que os jogadores escolhem as suas estratégias simultaneamente. Por outro lado, um jogo de estratégia pode corresponder a muitas formas extensivas diferentes.

Eliminação sucessiva de estratégias dominadas

A fim de definir quais as estratégias que serão jogadas tanto pelo jogador 1 como pelo jogador 2, precisamos de identificar as estratégias dominantes de cada jogador.

Jogador 2

- se o jogador 1 escolher X, a melhor escolha para o jogador 2 é U porque com esta escolha, o seu pagamento será 2 (comparado com 1 se escolherem V);

- se o jogador 1 escolher Y, a melhor escolha para o jogador 2 é U porque com esta escolha, o seu pagamento será 5 (comparado com 0 se escolherem V).

Para o jogador 2, a estratégia U domina estritamente a estratégia V porque oferece ao jogador 2 uma melhor remuneração em ambas as situações.

Ao eliminar a estratégia V do jogador 2 (estritamente dominada porque perde o que quer que aconteça), o jogo pode ser apresentado da seguinte forma:

Jogador 1

Dado que o jogador 2 escolhe a sua estratégia estritamente dominante U, a melhor escolha para o jogador 1 é X porque com esta escolha, o seu pagamento será 4 (comparado com 2 se escolherem Y).

Para o jogador 1, a estratégia X é dominante porque oferece uma melhor remuneração.

Ao eliminar a estratégia dominada pelo jogador 1 (aquela em que mais perdem), o jogo pode ser apresentado da seguinte forma:

A situação X, U corresponde ao equilíbrio de Nash.

Equilíbrio de Nash

O equilíbrio de Nash é uma situação em que nenhum jogador deseja alterar a sua estratégia, à luz das estratégias escolhidas pelos outros jogadores. Uma vez que atuam estrategicamente, cada jogador jogará a sua melhor resposta, de acordo com as estratégias dos outros jogadores.

O equilíbrio de Nash é determinado através da eliminação iterativa (sucessiva) de estratégias dominadas, uma vez que estas estratégias nunca são jogadas pelos jogadores (devido à sua racionalidade).

No nosso exemplo, o equilíbrio de Nash corresponde às estratégias:

- X para jogador 1
- U para jogador 2.

Os payoffs associados são os seguintes:

- Pagamento do jogador 1: 4

PAGAMENTO DO JOGADOR 2: 2É BOM SABER: ELIMINAR ESTRATÉGIAS DOMINADAS

Um jogo pode ser resolvido através da eliminação iterativa das estratégias dominadas, deixando apenas uma estratégia (perfil único) para cada jogador no final do processo. O equilíbrio de Nash compreende estratégias obtidas desta forma.

O equilíbrio alcançado através da eliminação sucessiva de estratégias (estritamente) dominadas não depende da ordem de eliminação dessas estratégias. Por outro lado, um equilíbrio diferente pode ser obtido através da eliminação das estratégias fracamente dominadas. O equilíbrio de Nash obtido através da eliminação sucessiva das estratégias estritamente dominadas é mais robusto do que o equilíbrio obtido através da eliminação iterativa das estratégias fracamente dominadas.

Em alguns casos, o jogo não pode ser resolvido.

Otimização de Pareto

Um jogo de estratégias puras pode ter múltiplos equilíbrios de Nash ou nenhum deles. Neste caso, o problema é saber como escolher um determinado equilíbrio.

A otimização de Pareto mostra que o perfil de estratégia A domina a estratégia de perfil B, se A for estritamente melhor para todos os jogadores.

 **É BOM SABER: NÍVEL DE SEGURANÇA**

O nível de segurança da estratégia de um jogador é definido como o pagamento mínimo que a estratégia pode trazer, independentemente das escolhas de outros jogadores. O nível de segurança X do jogador Y é o nível máximo de segurança das estratégias do jogador Y.

No caso do nosso exemplo:

- o nível de segurança da estratégia X do jogador 1 é 3;

- o nível de segurança da estratégia Y do jogador 1 é 2;

  o nível de segurança da estratégia U do jogador 2 é 2;

- o nível de segurança da estratégia V do jogador 2 é 0.

Como tal, o nível de segurança do jogador 1 é 3, enquanto que o do jogador 2 é 2.

Estratégias mistas

As estratégias definidas e utilizadas até agora são estratégias puras (opções disponíveis para os jogadores).

Como explicado acima, uma estratégia mista é a distribuição de probabilidades entre todas as estratégias puras. Os jogadores escolhem aleatoriamente jogar as suas estratégias com uma certa probabilidade.

Para ilustrar isto, podemos tomar o jogo no exemplo anterior e assumir que desta vez, o jogador 1 joga aleatoriamente X e Y com uma probabilidade de ½ (0,5), e que o jogador 2 faz o mesmo.

- Forma estratégica dos jogos de estratégia mista: um em duas vezes (0,5, ou ½), o jogador 1 escolhe a estratégia X e um em duas vezes (0,5 ou ½) escolhe a estratégia Y. O jogador 2 faz o mesmo.

- Pagamentos previstos:
  - se o jogador 2 escolher U, os pagamentos esperados do jogador 1 são (0,5 x 4) + (0,5 x 2) = 3;
  - se o jogador 2 escolher V, os pagamentos esperados do jogador 1 são (0,5 x 3) + (0,5 x 9) = 6;
  - se o jogador 1 escolher X, os pagamentos esperados do jogador 2 são (0,5 x 2) + (0,5 x 1) = 1,5;
  - se o jogador 1 escolher Y, os pagamentos esperados do jogador 2 são (0,5 x 5) + (0,5 x 0) = 2,5.

- Equilíbrio de Nash em estratégias mistas: Cada jogador escolhe a estratégia que lhe permite maximizar os seus payoffs. No equilíbrio de Nash do nosso exemplo, o jogador 1 escolhe Y com uma probabilidade de ½ (0,5) e o jogador 2 escolhe a estratégia V com uma probabilidade de ½ (0,5). Os payoffs esperados para os dois jogadores são 6 para o jogador 1 e 2,5 para o jogador 2. O teorema de Nash pode ser visto aqui, uma vez que qualquer jogo de estratégia tem um equilíbrio de Nash para estratégias mistas.

O DILEMA DO PRISIONEIRO

Vários conceitos na teoria do jogo podem ser estudados através de um exemplo, o dilema do prisioneiro. A primeira versão do dilema do prisioneiro foi apresentada por investigadores da Corporação RAND (o departamento de Investigação e Desenvolvimento da Força Aérea dos EUA criado em 1945) em 1950. Ajuda a explicar a corrida ao armamento, mas também o processo de desarmamento nuclear.

A história por detrás do dilema do prisioneiro

Dois ladrões são presos pela polícia e interrogados separadamente. A polícia está convencida de que são culpados, mas ainda não dispõe de provas suficientes para emitir uma longa pena de prisão. Entre eles, antes da prisão, os ladrões juraram não se traírem um ao outro. A polícia, que mais do que tudo quer fazer os dois homens confessarem, promete liberdade à pessoa que fala, se ela for a única a fazê-lo. Daí surge um dilema: por um lado, os prisioneiros sabem que só sofrerão uma pequena pena se não se confessarem à polícia. Por outro lado, ambos são individualmente tentados a confessar o crime para obterem a liberdade.

Forma estratégica do dilema do prisioneiro

Neste caso, os dois jogadores (ladrões) têm a escolha entre duas estratégias: negar ou confessar. Cada caixa contém os payoffs para os dois jogadores. A primeira figura corresponde ao resultado do jogador 1 e a segunda figura é o resultado do jogador 2. Por convenção, aqui o número de anos de prisão é escrito como um negativo porque representa uma perda de utilidade. O objetivo de cada jogador é minimizar o número de anos de prisão.

Estratégias dominantes dos dois atores

- Se o jogador 2 optar por negar, é do interesse do jogador 1 confessar, a fim de evitar um ano de prisão e, assim, ser livre.

- Se o jogador 2 optar por confessar, é do interesse do jogador 1 confessar e só passar 4 anos na prisão em vez de 5 se negar.

- Se o jogador 1 optar por negar, é do interesse do jogador 2 confessar, a fim de evitar um ano de prisão e, assim, ser livre.

- Se o jogador 1 optar por confessar, é do interesse do jogador 2 confessar e só passar 4 anos na prisão em vez de 5 se negar.

Aqui, "confessar" é uma estratégia dominante para ambos os jogadores. De facto, independentemente da escolha de um jogador, o outro obterá sempre um resultado melhor denunciando o seu cúmplice. Isto é o que se chama o equilíbrio de Nash.

Equilíbrio de Nash do dilema do prisioneiro

A solução lógica do jogo (equilíbrio de Nash) seria que cada jogador denunciasse o outro: cada um deles seria então condenado a quatro anos de prisão. Inversamente, ao cooperarem (mantendo ambos em silêncio), ambos passariam apenas um ano na prisão. O dilema do prisioneiro ilustra o conflito entre o bem-estar coletivo resultante da cooperação e os incentivos individuais para não o fazer. Numa situação em que um dos dois atores não está certo das intenções do outro, é do seu interesse, em nome da racionalidade individual, optar por confessar, embora o interesse coletivo recomende que neguem. Daí a importância de ter leis, normas e regras sociais que impõem alguma cooperação, mas que, na prática, não são fáceis de encontrar.

LIMITES E EXTENSÕES DO MODELO

LIMITES E CRÍTICAS AO MODELO

Os limites e críticas da teoria do jogo são numerosos e dizem respeito ao próprio conceito de jogo, ao conceito de equilíbrio e às possíveis aplicações desta teoria.

Conceito do jogo

Os teóricos de jogos utilizam a palavra 'jogo' para se referirem a qualquer modelo completo que inclua uma lista de indivíduos (jogadores), uma coleção de estratégias e de pagamentos. O termo 'jogo' não se refere a uma atividade simbólica feita por diversão, mas a uma série de restrições relacionadas com uma questão.

O conceito de equilíbrio de Nash

Na vida quotidiana, os equilíbrios são geralmente vistos como "estados de repouso" alcançados por sistemas que estavam anteriormente em movimento. No entanto, a teoria do jogo utiliza a palavra 'equilíbrio' para descrever o seu conceito principal, nomeadamente o equilíbrio de Nash. Este equilíbrio é alcançado porque cada jogador antecipa corretamente o que os outros são suscetíveis de fazer. Uma vez que as escolhas são feitas simultaneamente, a ideia de um processo conducente ao equilíbrio através de sucessivas modificações das antecipações não faz sentido neste caso. Por conseguinte, é demasiado difícil pensar em "equilíbrio" sem pensar numa forma ou noutra de dinamismo.

Podemos ilustrar isto com a ajuda do modelo do duopólio de Cournot, que é um precursor do equilíbrio de Nash. Neste famoso modelo de concorrência imperfeita (uma estrutura de mercado caracterizada por fabricantes que podem fixar preços diferentes dos do mercado), cada empresa faz uma oferta antecipando a oferta da outra. Sem saber nada sobre a concorrência, o negócio assume que, uma vez feita a sua escolha, o outro negócio não mudará de ideias. O equilíbrio de Cournot é tal que cada empresa faz a sua oferta ao prever exatamente o que a outra vai fazer. Consequentemente, não só a dinâmica conducente ao equilíbrio não está estabelecida, como nunca será alcançada uma solução de equilíbrio, exceto em casos particulares em que a empresa se depara com a oferta da outra por acaso.

Do mesmo modo, a crítica pode também ser estendida a outro modelo de equilíbrio não cooperativo, o duopólio de Joseph Louis François Bertrand (matemático e economista francês, 1822-1900), no qual as empresas apresentam estratégias baseadas no preço. Em particular, é evidente que o equilíbrio de Nash nunca é estabelecido porque as duas empresas estabelecem o mesmo preço igual ao custo médio (que se assume ser constante). Como o seu lucro é zero a este preço, é do seu interesse oferecer um preço acima do custo e, portanto, ter 50% de hipóteses de obter um lucro que seja estritamente positivo (e não zero). Como resultado, nenhum dos dois escolhe a solução de equilíbrio de Nash.

Outro ponto que causa um problema com o equilíbrio de Nash é o facto de um jogador não poder mudar a sua estratégia uma vez que o jogo tenha começado. Este aspecto é também um limite da teoria.

Aplicações da teoria dos jogos

Voltando à definição da teoria do jogo acima delineada, é muito difícil aplicar esta teoria a situações da vida real. De facto, é praticamente impossível encontrar exemplos de situações que possam estar relacionadas com o dilema do prisioneiro. De facto, as escolhas individuais são largamente influenciadas pelo sistema de valores resultante da educação e cultura. Uma vez que não podem ser observadas na vida quotidiana, as condições de jogo são criadas em laboratório. A teoria do jogo é, portanto, difícil de aplicar à realidade, mesmo num contexto que inicialmente lhe parece favorável (interação).

Finalmente, muitas pessoas, incluindo o economista francês Bernard Guerrien, consideram que, como regra geral, a teoria do jogo não resolve nada e não tem nada para oferecer aos jogadores. Ela chama principalmente a atenção para os problemas criados pelas escolhas individuais na interação, quando todos os pressupostos do modelo são especificados. Por conseguinte, deve ter-se cuidado com esta ferramenta de economia experimental.

EXTENSÕES E MODELOS RELACIONADOS

Todas as limitações e críticas à teoria do jogo acima mencionadas decorrem principalmente do facto de se referir apenas a um único jogo de uma volta em que os jogadores não cooperam. O que acontece quando os jogadores cooperam e as interações entre eles são repetidas várias vezes?

Intuitivamente, a cooperação pode emergir mais facilmente como resultado de interações renovadas. A isto chama-se "jogos repetidos". Porque é que o seu florista lhe oferece o mesmo preço por um bom bouquet de flores quando ele poderia dar-lhe um bouquet de qualidade inferior que ele comprou por menos caro? Isto é provavelmente porque ele espera que você volte no futuro. Ao voltar à sua loja, está a cooperar como consumidor.

Os jogos repetidos introduzem um motivo poderoso para a cooperação. A cooperação na primeira ronda encoraja a cooperação na ronda seguinte. Esta motivação não existe em jogos estáticos com uma ronda.

Existem dois tipos de jogos repetidos:

* aqueles em que o fim é conhecido com certeza;

* aqueles em que o fim é desconhecido.

Esta distinção é importante, porque leva a diferentes implicações em termos de teoria do jogo.

Jogos de set

O que é importante neste tipo de jogo é o fim, que é conhecido antecipadamente pelos jogadores. Os jogadores também conhecem os resultados das rondas anteriores. O equilíbrio de Nash é determinado através do que é conhecido como indução para trás.

É BOM SABER: INDUÇÃO PARA TRÁS

A ideia é determinar as melhores estratégias dos jogadores na última ronda do jogo. A partir daí, é possível trabalhar para trás, desde a última ronda do jogo até à primeira.

No exemplo do dilema do prisioneiro delineado anteriormente, é possível discernir o que acontece se o jogo for repetido um determinado número de vezes.

Na última ronda (T), dado que o jogo está a terminar, a melhor estratégia para cada jogador do ponto de vista da racionalidade individual é confessar (o mesmo resultado que num jogo estático). O equilíbrio de Nash é assim estabelecido (confessar, confessar).

Na ronda T-1 (penúltima ronda), ainda é do interesse dos jogadores cooperar, pois sabem que há outra ronda. No entanto, sabemos que a cooperação não é possível aqui. Como tal, na ronda T-1 também não há vantagem em cooperar e voltamos a encontrar o equilíbrio de Nash (confessar, confessar). O que é verdade em T-1 também é verdade em T-2, e assim sucessivamente até à primeira ronda. Através da indução para trás, é possível mostrar que em cada fase, os jogadores optarão pela estratégia de "confessar-se". Este resultado pode ser explicado pelo facto de os jogadores anteciparem o que irá acontecer.

Jogos infinitos

Existem dois tipos de jogos infinitos:

- aqueles em que as partes continuam a tocar infinitamente (ilimitado no tempo);

- aqueles, mais realisticamente, onde o jogo para inesperadamente (de forma aleatória).

No caso de jogos definidos, é possível determinar o equilíbrio de Nash por indução para trás, porque basta antecipar as escolhas dos jogadores na ronda T. Num jogo infinito, este raciocínio já não é válido porque existem muitas estratégias possíveis e, portanto, uma multiplicidade de equilíbrios.

Um resultado central da teoria do jogo, que vale a pena conhecer mas que não iremos demonstrar aqui devido à sua complexidade, é o seguinte: se os agentes forem suficientemente pacientes, as estratégias que envolvem fases de cooperação recíproca são equilíbrios de Nash.

Podemos tentar compreender este resultado central na teoria do jogo à luz do dilema do prisioneiro, repetido um número infinito de vezes.

Três pares de estratégias são possíveis em equilíbrio:

- Tanto o jogador 1 como o jogador 2 escolhem sempre confessar. Tendo em conta os resultados observados nos capítulos anteriores, sabemos que este equilíbrio é de valor limitado;

- Os dois jogadores concordam em negar. Assim que um jogador se desvia do acordo, o outro responde optando sempre por confessar;

- O acordo "olho por olho, dente por dente", segundo o qual a confissão de um jogador é punida pelo outro, que confessa tantas vezes quantas as necessárias para infligir os mesmos danos (anos na prisão). Como tal, se o jogador 1 confessar, o jogador 2 também optará por confessar, de modo a não lhes permitir beneficiar da liberdade.

O acordo que parece mais credível e o mais benéfico para todos é "olho por olho, dente por dente". Este resultado é válido independentemente da pessoa que atribui a punição. Desta forma, a crença na justiça intrínseca, divina ou terrena pode ser um fator de coordenação e estabilidade, da mesma forma que a ameaça do adversário. É interessante notar que se ambos os jogadores forem racionais, não se desviarão do acordo e, consequentemente, a punição não será aplicada.

APLICAÇÕES DO CONCEITO: O ESPECTRO POLÍTICO

Suponha-se que num país, as opiniões políticas são distribuídas uniformemente num eixo da extrema-esquerda para a extrema-direita, e que dois partidos (A e B) têm de se posicionar politicamente nas eleições a fim de ganhar o maior número de votos possível.

Finalmente, suponha que os partidos entram na arena política um após o outro e que os eleitores votam no partido mais próximo das suas preocupações.

CASO 1

Se o primeiro partido (A) estiver posicionado à esquerda, o segundo (B) também se posicionará à esquerda, mas ligeiramente à direita do primeiro partido, para que possa reunir alguns eleitores do centro-esquerda, centro e direita e assim ganhar as eleições.

O segundo partido (B) levará os votos dos eleitores para a sua direita, assim como metade dos votos entre ele e o primeiro partido (A) da esquerda.

CASO 2

Se o primeiro partido se posiciona (A) à direita, é do interesse do segundo partido (B) também se posicionar à direita, mas ligeiramente à esquerda do primeiro partido, a fim de ganhar as eleições.

Tal como no primeiro cenário, o partidoB prevalecerá sobre festão partido A.

Os dois partidos devem, portanto, situar-se ambos no centro do espectro político. Este resultado está longe de ser teórico, pois corresponde razoavelmente bem à situação política observada nos Estados Unidos, onde no passado foi por vezes difícil diferenciar entre Democratas e Republicanos.

E SE ACRESCENTÁSSEMOS OUTRO PARTIDO?

Agora suponhamos que os dois partidos políticos sabem que um terceiro (C) pretende entrar no espectro político do país.

- Se a situação política do país for como o caso 1, o terceiro partido político deve posicionar-se ligeiramente à direita do partido B para ganhar quase metade dos votos.

- Se a situação política do país for como o caso 2, o terceiro partido deve posicionar-se ligeiramente à esquerda do partido B para ganhar quase metade dos votos.

Para evitar estas duas situações não lucrativas, quando sabem que um terceiro vai entrar na arena, os dois primeiros partidos devem colocar-se no centro do eleitorado da direita e no centro do eleitorado da esquerda, respetivamente. Ao fazer isto, cada um deles ganhará metade dos votos do eleitorado.

Se o terceiro partido político decidir entrar na arena apesar deste posicionamento, ganhará um quarto dos votos (2/8) posicionando-se no centro do espectro político, enquanto os outros dois partidos terão cada um 3/8 dos votos.

Nesta situação, o que é que o terceiro ganha ao entrar na arena política? Um observador externo dirá sem dúvida que não há interesse em fazer isto. No entanto, a situação é mais matizada do que isto, porque em alguns países este posicionamento pode ser um bom passo. Num sistema político como o da Bélgica, por exemplo, um partido minoritário ainda pode participar no governo através de acordos com outros partidos.

RESUMO

- O início das análises dos jogos de azar remonta ao Renascimento. Os trabalhos de Antoine Augustin Cournot, Francis Ysidro Edgeworth, Ernst Friedrich Ferdinand Zermelo e Émile Borel contribuíram ativamente para a definição desta teoria.

- O nascimento da disciplina remonta a 1944, quando foi publicado o texto fundador *Theory of Games and Economic Behavior* de John Forbes Nash, John von Neumann e Oskar Morgenstern.

- O conceito de "solução de equilíbrio para jogos de soma zero" foi apresentado por Nash em 1950, e o "equilíbrio perfeito em subjogos" foi proposto por Reinhard Selten em 1965. Charles Harsanyi popularizou o conceito de equilíbrio de Nash em 1967 e, na mesma década, Donald Bruce Gillies sugeriu uma sistematização do equilíbrio geral. A partir dos anos 70 e 80, a teoria dos jogos passou por um grande desenvolvimento e vários teóricos dos jogos foram reconhecidos (o Prémio Nobel Memorial em Ciências Económicas).

- Além de ser uma excelente ferramenta nas negociações, o principal objetivo da teoria dos jogos é mostrar que os indivíduos, as empresas e os países são mutuamente interdependentes e que a interação é benéfica para a resolução de problemas partilhados. Mostra também que a cooperação não é fácil de implementar e, em alguns casos, é melhor dar-se bem do que ser argumentado.

- O âmbito da teoria do jogo é incrivelmente grande e pode ser visto diariamente, particularmente no espectro político.

- As limitações e críticas da teoria do jogo centram-se no conceito do jogo (uma utilização abusiva da terminologia, uma vez que neste caso é utilizada para se referir a um conjunto de restrições ligadas a um problema e não a uma atividade agradável), o equilíbrio de Nash (uma vez que não existe um processo dinâmico que conduza ao equilíbrio) e as aplicações do modelo (é quase impossível encontrar aplicações na vida real).

- Como os críticos da teoria dos jogos se concentram principalmente no facto de esta se limitar a jogos simples de uma volta, em que os jogadores não cooperam, os teóricos dos jogos completaram o modelo baseado em jogos repetidos (conjuntos e infinitos), o que encoraja os jogadores a cooperarem mais voluntariamente.

- Embora a teoria do jogo não possa ser aplicada a todos os aspectos da vida em sociedade, é útil em medicina, política, estratégia militar e economia. Encoraja-nos a refletir sobre a complexidade das interações sociais, o que nos permite colocar os acontecimentos em perspetiva.

LEITURA ADICIONAL

BIBLIOGRAFIA

Sítio web de *Arquivos-ouvertes*: http://hal.archives-ouvertes.fr/

Davis, M. (1974) *Introduction à la théorie des jeux.* Paris: Armand Colin.

Enciclopédie Universalis website: http://www.universalis.fr/

Friedman, J. (1990) *Game Theory with Applications to Economics.* Oxford: Oxford University Press.

Gabszewicz, J. (1970) *Théorie du noyau et de la concurrence imparfaite.* Louvain: Recherches Économiques de Louvain. Volume 36, pp. 21-37.

Giraud, G. (2000) *La Théorie des jeux.* Paris: Flammarion.

Sítio web do *Le Monde*: http://www.lemonde.fr/

Moulin, H. e de Possel, R. (1979) *Fondations de la théorie des jeux.* Paris: Hermann.

Ponssard, J. -P. (1977) *Logique de la négociation et théorie des jeux.* Paris: Éditions d'Organisation.

Smith, J. M. (2002) *Evolution and the Theory of Games.* Cambridge: Imprensa da Universidade de Cambridge.

Thisse, J. F. (2004) *Théorie des jeux : une introduction.* Louvain-la-Neuve: Université catholique de Louvain.

Tirole, J. (1985) *Concurrence imparfaite.* Paris: Economica.

Yildizoglu, M. (2011) *Introduction à la théorie des jeux. Manuel et exercices corrigés.* Paris: Dunod.

FONTES ADICIONAIS

Kuhn, H. (2003) *Palestras sobre a Teoria dos Jogos*. Princeton: Princeton University Press/

Sorin, S. (2002) *A First Course on Zero-Sum Repeated Games*. Berlim: Springer-Verlag.

Spaniel, W. (2011) *Game Theory 101: The Complete Textbook*. Plataforma Editora Independente CreateSpace.

Talwalkar, P. (2014) *The Joy of Game Theory: Uma Introdução ao Pensamento Estratégico*. Plataforma Editora Independente CreateSpace.

Queremos ouvir de si!
Deixe um comentário sobre a sua biblioteca online
e partilhe os seus livros favoritos nas redes sociais!

Mestre ISBN: 9782808065672
Papel ISBN: 9782808065962
Depósito legal: D/2022/12603/125

Desenho digital: Primento,
o parceiro digital dos editores.